JN244868

ロングセラー新装版

斎藤一人お金儲けセラピー

斎藤一人 著

ロング新書

まえがき

私が、長者番付に載るようになってから、お金に対する質問がたくさんくるようになりました。

でも、私は、仕事は一生懸命するけれど、そんなにお金のことは、考えずに生きてきた方だと思います。

しかし、質問されれば、その質問に対して、私なりに一生懸命、答えてきました。

その答えの集大成がこのほど『お金儲けセラピー』という本になって出版されることになりました。

よく、私に質問する人の話を聞いていると、「この人達は、私に人生の答えを求めているんだな」と思うことがあります。

それは学校で試験の答えを求めるように、社会に出ても、どこかで答えを教えてくれる人がいるんじゃないかと思ったり、答えを教えてくれる書物があるんじゃないかと思っているらしい、ということです。

残念ながら、人生にあなたの求めている答えがのっている教科書はありません。

自分で一生かけて、あなたにあった教科書をつくるのが人生勉強ということです。

そして、あなたがつくった教科書で人に説明しても、その人の求めている答えとは、違うものなのです。

では、「勉強しても無駄ですか?」というと、そうではありません。

人生というのはパズルのようなもので、ここには、おおよそ「こういう答えであってると思うよ」というところまでは勉強することができます。

しかし、パズルにぴったりはめるのには、自分なりにくふうしたり、けずったり足したりしないと、ぴったりははまらないものなのです。

私は商人ですから、商人としての答えが多いのですが、よく読むとサラリーマンの人もきっと同じだと思いますよ。

この本が、あなたの人生の教科書づくりのお役に立てれば幸いです。何度もお読み下さい。

あなたにすべての良きことがなだれのごとく起きます

斎藤一人

CONTENTS

●本文イラスト／瀬川尚志

お金は神さまからのご褒美

お金は自分がどれくらいお役に立っているかのバロメーター

「お金とは何ですか？」

っていうと、これは神さまからのご褒美だと思っています。

一生懸命働いてお金が入ってくるっていうことは、世の中のお役にいくらかは立ったんだと、商人なら考えます。

自分がどれくらいお役に立っているかのバロメーターです。

だから、これは非常に大切なものだと思っています。

普通の人もそうですが、商人はとくにお金がないと生きられない。

だから、お金は私にとっては、非常に大切なものです。

お金は神の霊感。しあわせになるために遣う

「世の中は金じゃない」とか、「何でも金で解決しようとするヤツはろくなもんじゃない」って、聞いたことがあるでしょ。

でも、何でも金を出さないで解決しようとするヤツも、ろくなもんじゃないと思う。お金というのは、神の霊感です。

神さまの最高のアイデアがお金になったもの。

だから、お金をしあわせになるために遣う。

遣い方を知らない人は不幸になってしまうんです。

笑顔でいれば、自然にお金から愛される顔になる

いつも楽しく、しあわせには、何より笑顔でいることが大切。

笑顔のままで暗い言葉を使ったり、イヤなことは考えられないでしょ。

ずっと、笑顔でいれば、自然にお金から愛される顔になるから不思議。

少々、強引でもいいから、顔の筋肉を笑顔になるよう動かしましょう。

そのうち、心も明るく変わってきて、お金が入ってくるようになる。

筋肉を動かすのは、自分の意思でどうにもできるし、訓練次第でいつも笑顔でいられるようになります。

顔の筋肉を鍛えて、性格を明るくしましょう。

鏡を見て、しょっちゅう笑顔をチェックしましょう。

〝いいこと〟ばっかり起こる人は魅力の貯金をしている人

人間には、魅力的な人と魅力のない人がいます。
魅力というのは引力に似ているんだね。
この宇宙には宇宙貯金っていうのがある。
それは、魅力的なことをやっているとプラスされるということ。
逆にマイナスなことをやっていると、その額が減っていくんです。
宇宙貯金って、とんでもない金利がつく。
〝いいこと〟ばっかり起こる人は、魅力の貯金をしている人。
たとえば、いつも笑顔の人は、プラス三〇〇万点。
それに金利がいっぱいつくから、〝いいこと〟がいっぱい起きるんです。

宇宙貯金の額を増やしていく

宇宙貯金をマイナスにすると、イヤなことがどんどん起きる。
「何でこんなにイヤなことが続くんだ」
っていうけれど、そういうときは必ず魅力のないことをやっている。
宇宙貯金で借金ばかりしているんだよ。
借金するのは、やめたほうがいいよ。
それより魅力を貯金していく。
宇宙貯金の額を増やしていく。
これさえやっていれば、何をやっても成功するんです。

お金にきちんと礼を尽くさないと、お金が入ってこない

お金は、「この人は本当に私のことを大切にしてくれているんだ」と思える人のところに流れていきます。

だから、お札はグチャグチャにしていてはダメですよ。

ちゃんと揃えてあげてください。顔の向きをそろえてね。

顔の向きが、あっちを向いたり、こっちを向いたりしているのは、お金に対して失礼ですよ。

お金にきちんと礼を尽くさないと、お金が入ってこないんです。

お金を愛することが、お金持ちになる条件

本当のお金持ちに共通しているのは、お金を愛しているということ。

お金持ちには二種類あります。

ひとつは、稼いだ結果、一時的にお金持ちになる人。

もうひとつは、そのあとも、ずっとお金を持ちつづけている人。

本当のお金持ちは、ずっと持ちつづけている人のことです。そうした人たちは、お金を有り難いと思い、本当に必要なものでなければ買わない。

よく、お金がなくなるまで洋服を買う人がいるけど、その人は洋服を愛している。

お金を愛しているんじゃない。

お金を愛するのが、お金持ちになる条件。

お金は集まれば集まるほど波動で仲間を呼ぶ

お金からは波動が出ています。
そのなかでも最強の波動は貯金から出る波動。
一千万円持っている人は、一万円持っている人の千倍のスピードでお金を儲けられる。
それは一千万円から仲間を呼ぶ波動が出ているからなんです。

一円玉が落ちていたら助けてあげるんだよ。一円玉を助けてあげれば皆、集まってお礼に来てくれるんだよ

どこかに一円玉が落ちていたら助けてあげるんだよ。

汚れていたらきれいにしてあげる。

そうするとね、一円玉のお父さんが『子供を助けてくれて、ありがとうございました』とお礼をいいに来てくれる。

一円玉のお父さんは五円玉なの。その五円玉のお父さんは一〇円玉。そうやって、五〇円、一〇〇円、五〇〇円、一〇〇〇円、五〇〇〇円、そして一万円と続く。

一円を助けてあげれば、皆、集まってお礼に来てくれるんだ。

お金という自分の子には何かの役に立ってほしい

「運の強いヤツは、バクチやっても強い」
とかっていうけれど、私は絶対そんなことはあり得ないと思っている。
バクチ運の強い人は、マージャンが強い、パチンコが強い、何が強いってね。
でも、よく見ていると、別に大成していない。
だから、うんと出世する人ってのは、バクチなんかやらないんです。
私はお金を愛しているから、役にも立たないことにお金が出ていくと不愉快になる。
お金という自分の子には何かの役に立ってほしいからね。
有意義なことにお金を遣う。

私がお金を支払うときは、
「ありがとう」
というの。これは受けとる人にいうだけじゃなくて、
お金にもいってるの。
「これからひと働きしてくれるんだね。ありがとう」
とお金に感謝している。こうやっていると、
お金は愛してくれている人のところへ、
また帰ってきてくれるから。

入る額より使う額を少なくしたら、勝手に貯まった。ものすごく単純な問題なんです

お金を貯めようと思って、難しい顔をして貯めている人がいますよね。
違うの。そうじゃないんです。
私は、お金を貯めようとしたことは、一度もありません。
貯金をしようと思ったことも、生まれてこのかた、一度もない。
入ってくる額よりも、使う額を少なくしていた。
そしたら、勝手に貯まってしまったんです。
たった、それだけのこと。ものすごく単純な問題なんです。
別に、難しいことは何もない。

要は、その簡単なことができるかどうかだけ。

お金が貯まる人とお金が貯まらない人の違いは、それだけなの。

必要以上のお金を持とうと思ったときが苦しい。だから、すべて適当な量でいいんです

必要以上のお金を持とうと思ったときが、苦しい。

それから、必要なだけないと苦しい。

魚屋は魚で商売するから、魚がたくさんある。でも、普通の家庭に、魚屋みたいに魚がたくさんあったら、大変なことになっちゃうよ。

普通の家庭には、その日食べる分の魚があればいいんです。

それ以上の魚をね、求めるから、おかしくなっちゃう。
あんまり必要のないものを求めると、苦しくなっちゃうよ。
だから、すべて適当な量でいいんです。

お金は絶対悪くいっちゃいけないもの。大事なものを大事にするとそれが残ってくれる

お金は絶対悪くいっちゃいけないもの。
悪いのは、悪く遣った人なの。世の中には大事なものがたくさんある。
大事なものを大事にするとそれが残ってくれる。
だから、人も大事、お金も大事、お客さんも大事です。

大切なものを大切にしたとき、それは確実に残る。

だから、お金の悪口は絶対いわないようにしましょう。

お金を大切にして、お金を残せるようにしましょう。

お金を持ったからって、威張るのよしな。そんなヤツからは、お金が離れていくよ

お金を持ったからって威張っていると、イヤなヤツに見える。

お金を持ったからって、威張るのよしな。

高速道路のサービスエリアなどで、ベンツから降りてきた人が、トラックの運転手に怒鳴っている。「出て来い！」って。

道を譲らなかったから、それがいけないんだと。

ベンツに乗れるくらいお金が残ったのなら、今がんばっているトラックの運転手の気持ちくらいわからなくちゃ。

自分にお金がなかったころのことを忘れて、昔の自分と同じ立場の人をいじめるようなヤツは、お金を持っちゃいけない。

そんなヤツからは、お金は必ず離れていく。

感謝の多い人って、必ず成功する

感謝の多い人って、必ず成功するんだよ。

でも、いいことがあったら感謝するでは、普通なんです。

いいことなんてめったにないから、感謝が少なくなっちゃうんです。
それよりも、イヤなことにも感謝する。
自分が失敗したときは、
「あ、こういうことをすると、失敗するということがわかった」
なんです。人に騙されたときは、
「ああいう人に騙されたんだ」
恨むより、騙されたお陰で、
「世の中にああいう人がいるってわかった。もっと出世してから騙されたら、
膨大なお金をとられてた」
って、イヤなことにも感謝する。
だから、良いこと、悪いこと、両方に感謝できる人間になるんです。

若い人はね、お金なんかあまり貯めちゃダメだよ。
それより、一万円ずつ貯めるなら、五千円ずつにしてね。
あとの五千円分は、会社のためになる本でも読む。
それでね、会社へ行ったら、倍働くんです。
そうすれば、イヤでも出世するの。

お金は〝いいもの〟で、神さまがくれた最高のアイデア

お金というのは、ものすごくパワーのある車のようなものです。
運転技術のない人が、そういう車に乗ると事故を起こす。
車が悪いんではありません。
お金を悪いものだと思っているのだとしたら、それはそれで構いません。
でも、あなたがもし誰かに、「汚い」とか、「悪党」とかいわれたら、
その誰かと一緒にいたいと思いますか？
お金にだって、持ち主を選ぶ権利があっていいと思う。
ちなみに私の場合、お金は〝いいもの〟だと思っています。
お金は〝いいもの〟で、神さまがくれた最高のアイデアだとね。

神さまの思いやりから生まれたアイデアなんだと。
そう思えば、悪口はいえないはずです。
もっとお金を大切にしてあげようと思うのです。

お金そのものに力があることはない
どうやって活かすかの智恵を持ったとき、力になる

お金持ちになるのに、お金に対する価値観なんてあまり関係ない。
世間では、お金に苦しみがあるかのごとく思っている人もいるんです。
でも、お金そのものに苦しみなんてありません。
お金のことで苦しむことがあるとしたら、必要以上のお金を求め出したとき。

それから、必要なお金がないとき。
お金そのものに力があるということはない。
それをどうやって活かすかなんです。
その智恵を持ったときに、力になるんだということです。

「お金を遣《つか》っちゃって楽しいから、私の人生はいい人生だ」って思わなきゃね

お金を遣っちゃったっていいんだよ。
〝ムダ遣いしない心構えを教えて〟といわれるけど、ムリなの、そんなこと。
その人は、お金を遣いたいんだから。

人はね、やりたいっていい出したら、何をいってもダメ。
これも自然なんだよね。
だから、ムリをしない。
自分はそういうことなんだということで、お金を遣っちゃっていい。
そのかわり、散々遣っちゃっといて「お金が欲しい」とか「お金がないんだ」とか、
そんなことをいっちゃダメ。
お金が貯まっている人を見て、妬んだりするようなこともやめたほうがいい。
「私は、遣っちゃって楽しいんだから、私の人生はいい人生だ」
って、思わなきゃね。

笑顔でしっかり儲けるんだよ

大金を持つ人は、天に味方してもらえる人。儲けは神さまがつけてくれた成績表

本当の大金を持つことになると、人の力だけではムリなんです。

人知を超えたもの、神さまというか、天というか、そういうものによって、大金を持つにふさわしい人を選んでもらわなければならないから。

たとえば、車に乗って道を走っているとき、だれかがこちらの車線に入ろうとする。こんなとき、入れまいとしてがんばっている人がいるよね。

そういう人を神さまが選ぶだろうか。

神さまが選ぶのは、ニコッて笑って、ブレーキをかける人なんです。

大金を持つ人は、天に味方してもらえる人。

商人が魂を向上させて、正しい商売のやり方をしていると、神さまは報酬を与えてくれる。それが儲けなの。儲けは神さまがつけてくれた成績表です。

商人は社会の心臓だから商人は、しっかりお金を儲けないといけない

商人は、しっかりお金を儲けないといけないの。

なぜなら、商人は社会の心臓だから。

心臓が弱ってくると、血液が流れなくなって、
社会が病気になってしまう。

商人が一生懸命にお金儲けをしないとね。

商人がお金を儲けることが、悪いことであるかのように思っている人は、大きな間違い。

「オレはプロだ」と覚悟を決めて頭を下げるから頭が打出の小槌になる

商人の頭は、打出の小槌なんです。深々と頭を下げているとお金が懐に入り込んで、いい考えも出てくるもの。

ただ、頭を下げていただけではダメ。

プロの商人は、「私はプロだ」と覚悟を決める。

そして、深々と頭を下げるから頭が打出の小槌になるんです。

サラリーマンだって同じだよ。

「商人だから何でもやる」と広い気持ちを持つ方が成功する

自分をあまり狭めてしまうと、いいことがない。

かつては専門でやっていてよかったときもあったけど、今の時代は専門にだけに固執していては、イチコロで負けちゃいますからね。

商人だったら「自分は商人なんだから、商売なら何でもやる！」と、広い気持ちを持つ方が成功する。

いろんなことを好きになる努力が必要なんだよ。人間は好きになる努力ならできるんだよ

商人には、いろんなことが好きになる努力が必要なんだよ。
仕事を好きになる努力。商品を好きになる努力。
お客さんを好きになる努力。
こんなふうに、いろんな努力がいる。
でも、人間は、好きになる努力ならできるんだよ。
好きになっちゃえば、商売も楽しく、わくわくしながらやれるようになる。
だって、好きな物を好きな人に勧めてるんだからね。
こんなに楽しいことはない。
だから、だれでも好きになる努力ができるんだよ。

商売を始めるときは、一円でもムダ遣いをしないでやる。儲けが出たら次の出資を考える

最初に商売を始めるときには、一円でもムダ遣いをしないでやる。
たとえば、看板は段ボール、広告は手書き、事務所は自宅でかまわない。
商売の目的は儲けを出すことだから、出金をいかに削るかにかかっている。
儲けが出たら、その金額の範囲で次の出資を考えるんです。

商売に「待ち」の姿勢は通用しない。自分という商品を売りつづけるしかない

田や畑を耕しているなら、秋になれば実りがある。

商いに秋はない。待っていれば収穫できるものではないんです。

その代わり、うまくやれば、商人は毎日収穫できる。

お客さんが飽きないようにさえしていれば、毎日が収穫日になる。

でも、お客さんに飽きられたら、十年経ってもムリ。

三十年経ってもムリ。

商売に「待ち」の姿勢は通用しない。

自分という商品を売りつづけるしかない。

だから、お客さんの求めるものをキャッチして、自らをそのような商品にすることが大切なんです。

商人は商人らしく振る舞わなくてはね。
商人としての基本的態度は、人に好かれること。
笑顔で人に接すること。
楽しい雰囲気を作ること。
謙虚さや感謝の気持ちをもった言動を心がけること。
お客さんは、楽しいことがあると思うから来るんです。
だから、二十四時間いつも、商人でいなければね。

いつでも商人であることを貫くんだよ。お金を遣っているときも商人でいるんだよ

いつでも商人であることを貫くんだよ。道を歩いているときも商人、買い物をしているときも商人、飯を食っているときも商人。

店にいるときだけ商人じゃダメ。お金を遣っているときも商人でいるんだよ。

どこかで飯を食っていて、そこの接客態度が悪いからって、腹なんか立てちゃいけないんだよ。商人として飯を食う。商人として店の人と接する。

だって、その店の人はうちの商品を買ってくれているかもしれない。これから買ってくれるのかもしれない。そう思えば、出会う人は皆、自分たちのお客さんなんだよ。

すべての人にいつも感謝の気持ちで接する。これが、商人という仕事なんだよ。

商人には、笑顔しかないんです。
怒った顔もなければ、泣いた顔もない。
役者なんて、いろいろな役をやらなければならないんだよ。
商人はワンパターンでいいの。
それがなぜできないんだよって。
商人は、笑顔しかないんだよ。

知っていることも、知らないふりする。お客さんは、自分が一番偉くなりたいの

商人は、しゃしゃり出たことをしてはいけない。
知っていることも、知らないふりする。
そうすれば穏便なんです。
商人はお客さんに物を買っていただく。
誠実な人だなと思ってもらえばいいんだよ。
商人から、いちいちものを教わりたいと思っている人は少ないんだよ。
お客さんは、自分が一番偉くなりたいの。

商人は地位もいらなきゃ、名誉もいらない。学歴も必要ありません

いらないものを手に入れようとするから苦しい。
人間はいらないものを持ちたがるんです。
商人は、地位もいらなきゃ、名誉もいらない。
学歴も必要ありません。
地位を求め、学歴を求め、何かを求め出したときに人生が狂ってくる。

商売って、
人さまからえこひいき
してもらうこと。
わざわざ
来たくなっちゃうぐらい
可愛がってもらうこと

商売って、人さまからえこひいきしてもらうことなんだよ。

商人って、人さまからえこひいきしてもらえるような性格になること。

えこひいきしちゃいけないなんて、学校だけだよ。

商人っていうのは、お客さんからえこひいきしてもらうこと。

三〇〇メートル離れていようが、五〇〇メートル離れていようが、わざわざ来たくなっちゃうくらい可愛がってもらえる性格になることなの。

商人頭と客頭というものがあるんだよ。不必要なものをギリギリまで削り落とす心構えなんです

「商人頭」になること。この言葉は私の造語です。これはプロ意識を徹底させるために使っている言葉で、商売に不必要なものをギリギリまで削り落とすための心構えなんです。

儲からないことをするのは、商人として失格だから。商人頭と客頭というのがあってね。商人頭になっていないから、商人をやっている人が、みんな客にされてしまう。私はこの商人頭を徹底的に貫いてる。本社事務所は巨大なビルではない。小さな平家建ての商店で、内装もシンプルそのもの。商売に必要なものだけ用意されている。

商売にとってムダなことは一切しない哲学が、極限まで徹底されているんです。

自分にお金をくれる人がお客さん

「お客さん」とは、どういう人かご存知ですか？
自分にお金をくれる人、それがお客さんです。
お金を儲けるコツは、お客さんを喜ばせること。
私はお金のことを聞かれると、
「お客さんを大切にしないといけない。
お金も大切にして貯めるんだよ」
そうやって答えます。

サラリーマンにとってのお客さんは、勤めている会社の社長だから、社長に喜ばれるようなことに投資する

サラリーマンにとってのお客さんは、勤めている会社の社長さんです。

サラリーマンに給料をくれるのは、社長さんしかいませんから。

だから、社長に喜ばれるようなことに投資するんです。

社長に喜ばれることは何でしょう。

答えは、会社の業績がのびること、それ以外にあるわけがない。

そのために、今、自分は何が必要なのかを考え、自分に投資してください。

そうすれば、やがてあなたは、会社にとって欠かせない人間になる。

社長に給料をもらったら
お礼をいう。
全然イメージが違うよ

商人なら、お客様からお金をもらったら当然
「ありがとう」っていいます。
サラリーマンの人もお給料をもらったら、
社長に「ありがとうございます。感謝しています」と
いうだけで、全然イメージが違うし、
社長も喜んでくれます。
人がやらないから、自分もやらないではなく、
良い事は絶対やった方が得だよね。
親が子供におこづかいをあげる時も必ず「ありがと
うは？」って聞くクセに、自分はできない人の
なんと多いことか。
うちは大会社で社長に会う機会がないって
いう人がいるけれど、
ハガキ一枚でもいいから出してみな。
世の中、全然かわるから。

「授業中、しゃべってばかりいて、しようのない子だね」

と怒られてばかりいた人は、おしゃべりが得意なんです。

人を楽しませて、おしゃべりができる人。

それが商人の世界では、才能なんです。

お客さんに、ものすごく好かれる、いい商人になる。

「あ、それは簡単ですね」と思う人は成功する

モノを売るのは簡単です。

私はね、「それは簡単です」っていうのが口癖。

「簡単なんですよ」って聞いて、「あ、それは簡単ですね」と思う人は成功者なんです。

失敗者は、何でも「それは大変ですね」とか、「それは難しいんですね」という。

何でも難しいが口癖の人は失敗者になってしまう。

結局、難しいからといって、何にもしない。

いいアイデアというものは、種みたいなものを頭に植えるとある日、突然「ポン！」と出てくる

「この人には、こういう商品が必要だな」
っていう、種みたいなものを、まず頭に植える。
そうすると、しばらく放っておいても、後で必ず答えが出る。

頭に入れちゃえば、勝手にその種がクックツ動いて、それを探し出す。

そうじゃなかったら、「こんなのいかがでしょうか」って、持ってきてくれる人が出てくるんです。

一年後に出てくるものは、一年後に出てくるようになっている。

苦しもうが、何しようが、人間の脳って、そういうふうにできているんです。

いいアイデアというものは、ある日、突然、「ポン！」と出てくるもの。

「私はツイているんですよ」と肯定的なことをいう。
こういっているだけで、お得意先は
「あの人に仕事を頼もうかな」という気持ちになる。

大手に負けちゃいけない
気持ちがまず勝たなければ
ダメなんです

大手に負けちゃいけない。
大手が出てきたら、袋だたきにするぞくらいの
気持ちでなくちゃダメ。
まず、気持ちで負けないこと。
気持ちがね、負けちゃダメなんだ。
気持ちがまず、勝たなければダメなんです。

商いは、経費がかからないほうが勝ち。だから大手などに負けるはずがないんです

商いは、経費がかからないほうが勝ちです。
だから、大手などに、商店、中小企業が負ける
はずがないんです。
ただ、大手が出てくると、相手が大きいので
負けたような気がする。
ところが、それは気持ちの問題だけ。
相撲取りと子どもが喧嘩しているような気に
なってしまう。
でも、商いは相撲と同じではないのです。

「みなさま」という
神さまの力を借りるんだよ

日本で商売する場合にだけ力を発揮する特別な神さまがおられます。

日本には、「みなさま」という神さまが住んでいるんです。

お客さんは、ただ「いい商品ですよ」といっても買わない。勧めるときには「みなさま」という言葉を入れないと買おうとしない。

「みなさま、こうされていますよ」

「みなさまに喜ばれていますよ」

と、「みなさま」という神さまの力を借りないと売れないようになっている。

これはお客さんに、安心感を与える言葉なの。

何でも「おかげさま」のおかげ。最大の神さまは、「おかげさま」

誰かに「繁盛してますね」といわれたら、
「おかげさまで」と答える。
「いい商品だね」といわれたら、
「おかげさまで」といわなきゃいけない。
何でも「おかげさま」のおかげ。
どんなにほめられても「おかげさまで」と
いって、決して威張らない。
これは六法全書には書いていないけど、
日本に住んでいる大事な神さま。
日本で最大の神さまは、
「みなさまのおかげさま」なんです。

お金儲けは、世の中のためによいことなんです。だから儲けとはよいことをしたという証拠

お金儲けは、世の中のためによいことなんです。
日本人は、お金を儲ける人は悪い人だという観念があるけど、それって違う。
だって、世の中に役立っているなら、お金が儲からないとおかしいでしょ。
本当に世の中に役に立つものなら、誰でも喜んでお金を払うはず。
だから、儲けとはよいことをしたという証拠。
世の中のためにがんばっている人が、お金をもっていないのはおかしい。

ジャンジャン働く、バリバリ働く

「暇《ひま》な波動」がお客さんを遠ざけてしまう

人間には、人の出している波動を感知する能力があって、同一の波動はたがいに引き合うという性質を持っている。

だから、言葉や考え方の波動が同じような人は、その波動を好む人を吸い寄せる。

一緒にいて心地のいい人をよく「あの人とは波長が合う」といいますね。

また、波動の特徴として、ある波動が原因となって、その波動にふさわしい出来事が呼び寄せられたりする。つまり、イヤな波動を出したために、イヤなことが近寄ってくるということなんです。

波動は音楽のようなもので、心がある音色を出していれば、その音色に同調するような事柄が集まってくる。同じ波長同士は引き合うということね。

だから、「忙しい波動」と「暇な波動」があって、注意すべきは「暇な波動」です。

この波動はお客さんを遠ざけてしまうから。

在庫や空きスペースなど、暇な状態にあるものからは、どんどん「暇な波動」が出てしまう。これは暇な従業員からも出る。

お客さんは敏感だから、そうした波動が出ている場所に近づかない。

「暇な波動」をできるだけ出さないようにすれば、よい業績が期待できるんです。

悩むヒマさえないんですよ

ひとつの問題で一〇年も悩んでいるとか、半年も悩んでいるとかいわれると、

「ヒマがあっていいなあ――。よく、そんなことで悩んでいられるだけの環境を

与えられているなあ――」
と思っちゃうんだよ。
こっちは、パッパ、パッパ片づけていかないとね。
「ハイ、こっち。ハイ、あっちやって」
とかって。それしかやっていられない。
悩むヒマさえないんですよ。
せっせとやるしかないんです。

勢いをつけるには、仕事を一気呵成《かせい》にやること

景気のいいときに、景気のいい話をするのは当たり前。

そうじゃなくて、景気の悪いときに、景気のいい話をするのが大事なの。

忙しい波動にお客さんは引かれるから、できるだけ勢いをつける。

勢いが波動を高めるから。これは、普段の川の流れと堤防を決壊させる鉄砲水との違いのようなもので、勢いがあるとエネルギーが大きい。

勢いをつけるには、仕事を一気呵成にやること。

返事をテキパキすること。

勢いのある人だけを雇うこと。

勢いをつけて「これで元気になりますよ！」と大声を出せば、勢いがお客さんに伝わって、お客さんが元気になりやすくなる。

みんながやる気のないときに、やる気を出すから光り輝く。

勢いをつけて波動を高めることを覚えておけば、便利なんだよ。

執着して、執着して、執着するんだよ。
熱入れて、熱入れて、熱入れるんだよ。
考えて、考えて、考え抜く。
そうしたら、お客さんがひとりでも入って来るんだよ。

「重続《じゅうぞく》は力なり」ってやってきたことを経験として次々と重ねていくんだよ

仕事は「継続《けいぞく》」しないで、「重続《じゅうぞく》」するもの。
この重続という言葉は、私の造語です。
よく「継続とは力なり」といいますね。
私は「重続は力なり」だと思っているんです。
つまり、「重ねる」ことを「続ける」と、それが力になるという意味。
単に同じことを同じようにやるのではない。
とりあえず、さまざまなやり方を試してみる。
やってきたことを経験として次々と重ねていく。

そういった経験を活かし、さらに変化をつけて仕事のやり方を改良すれば、能率は上がるし、よい結果を生み出すし、仕事の方法が熟成されていくんです。

役に立たないことに、時間をかけるのをやめな

役に立たないことに、時間をかけるのをやめろって。
超能力でスプーンを曲げてみたって、それが何なんだよって。
それをいいたいんです。
手でこすっただけで、ほら、曲がったって。
曲がったから、何なんだってということ。
現実に役に立たないものを見せられたとき、「それが何なの?」とね。

それよりすごいもの、いっぱいあるよ。
なぜ、そっちに感心しないの？

今済んだ試合より、次の試合なんです

お金を持っていようが持っていなかろうが、せっせと働かなくては。
お金を持つと、人生が変わります。
変わらなければおかしいんです。
お金を持っているのに、持っていないと思っているヤツ、
これはちょっとアホかもしれない。
で、お金がないのに、あると思っているヤツ、

これもちょっとアホかもしれない。
たいがいの人は、まともに生きている。
だから、お金を持てばお金持ちになれる。
お金がなければ貧乏になる。
普通のことなんです。
で、その普通のことを、ムリにそう思わないようにするから、くたびれる。
自分は中間だなと思えば、中間だと思っていればいいんです。
そんなこと、さっさと片づけて、仕事しなくちゃいけない。
学生は勉強しなきゃいけないし、商人は金儲けしなくちゃいけない。
今、どんな状況であろうが、今済んだ試合より、次の試合なんです。
今日、お金を持っていようが、持ってなかろうが、一番大切なのは、
これからの試合なんです。
せっせ、せっせと働かなくてはいけないの。

働きに行ったら、コツコツなんてケチなことといっていないで
バリバリ働く。
今のままでやっとの生活なんですから、コツコツ働くのが
空しいなっていっていたら、大変なことになっちゃいます。
だから、もうそんなことといってられません。
もう、会社に行っても、アルバイト行っても、
どこ行ってもバリバリ働く。
ジャンジャン働く。
バリバリ働く。
簡単なことなんです。

人と同じ給料で人の倍、バリバリ働く。目先の欲にとらわれないで働く

商人には「損して得をとる」というものがあります。
この意味は、人と同じ給料でバリバリ働くこと。
給料を倍くれるところに「私は倍働きます」という人は、いくらでもいます。
でも、そういう職場でいくら人の倍働いても、あなたの存在は光らない。
だから、人と同じ給料で、人の倍働くんです。
そういう人は、経営者の目には光り輝いて映る。
そして、経営者にとって有り難い人です。
かわいがってあげたい。出世させてあげたいんです。

だから、目先の欲にとらわれていないで働く。

お金、お金といっていないで、一生懸命働けばいいのです。

運勢をよくすればいい。そうすれば、周囲の人から、

「この人は、損得抜きで一生懸命やる人だ」

と思われ、頼まれごとが増えてくる。

速いものには需要がある。仕事が速い人は、会社で需要があるんです

「速いものには需要がある」ということは、人間にも当てはまります。

仕事が速い人は、会社で需要があるんです。需要があれば、出世する。

出世すれば給料も上がります。
給料が上がった分、貯金をすればお金はたまります。
だから、勢いをつければいいんです。
勢いをつけるのは、難しいことではありません。
職場で誰かから頼まれごとをしたとき、
「ハイ！」と返事をして、即座にとりかかる。
あなたの需要は全然違ってくるはずです。

実力は速さである

実力は速さであると、私は思っています。

たとえば、設計士さんに店舗設計を依頼すると、その場でアイデアを出せる人と、そうでない人がいます。

その違いはどこにあるかというと、その場でアイデアを出せる人は、依頼がくるずっと前から店舗設計を考えているのです。

「じっくりやる」というのは、普段から何も考えていない証拠です。

そして、頼まれてから考えてできた設計と、その前から考えている人が設計したものとでは、デキが全然違ってしまう。

人の倍は働く心構えで、仕事のスピードを上げる。抵抗が出てきたら、もっとスピードを上げる。そうすると、もうひとつ上に上がる

人の倍は働く心構えで、仕事のスピードを上げてください。
ただし、これには心づもりをする必要があります。
人の倍働くと、必ず周囲から、
「あなたばかりが、そんなに働いてはいけない」
と抵抗が出てくるんです。
このとき、スピードを落としてはいけません。
逆に、もっとやるのです。そうするともうひとつ上に上がる。

飛行機が離陸するときと同じです。

空気抵抗を受けてエンジンを噴射させるとき、上昇気流が起きて飛行機を上に上げてくれるんです。

人の倍働いて周囲の抵抗を受けたときにスピードを落としたら、上昇気流は起こらない。

「私は働くのが好きですから」

といっていればいい。

これを何回か繰り返していれば、もう頂上です。

仕事を楽しくしようよ

商売は全力で戦う
最高の格闘技。
エキサイティングで
わくわく楽しい。

商売というのは、楽しいもの。エキサイトする仕事なんです。

商人というのは、何でもありだから。法律は守らなくちゃいけないけど、他にルールはないから、夜討ち、朝駆け、二十四時間営業、お店の前に出店を出す、でかい声をあげるなど何でもあり。戦う方法はいくらでもあるし、あの手、この手を考えて全力で戦う。

だからこそ、商売はエキサイティングな仕事だし楽しい。

商売はK1を十倍も大変にしたような、最高の格闘技なんです。

これさえ押さえておけば、毎日の仕事がわくわく楽しくなるはず。

商売がすごくラクなのは、真似ができるから

人それぞれ違って当たり前。
商売するにも、どのやり方がいいか、やってみなければわからない。
やってみて成功したやり方があれば、みんなでそれを真似すればいい。
商売がすごくラクなのは、真似ができるからなんです。

知恵も、挨拶も、笑顔も、
言葉も、お金が
かからないよね

商売のやり方はいろいろあるけど、大切なことは
お金をかけないこと。
お金をかけると、失敗したときのことが心配に
なるでしょ。
でも、お金を出さなければ、やってみれば
いいだけ。
知恵も、挨拶も、笑顔も、言葉も、お金が
かからないよね。
思いついたらすぐできる。

よく「お金がないから商売に失敗した」というけど、
それは間違い。
事業が失敗したのは、お金がないからではなく、
知恵がないから。
知恵がないからお金がない。
お金がないから失敗する。この順番です。
だから、商人は知恵を出して、
商売を繁盛させなければいけないんです。

仕事は選ぶものじゃなく、呼ばれるもの。合わない仕事は、すぐやめな

仕事は喜んでするものだから、合わない仕事は一秒たりともしちゃいけないよ。

石の上に三年いたら、お尻が痛くなるだけ。

イヤだと思った仕事だったら、すぐやめな。

いやいや働いているのは、そこの社長さんにも悪いし、自分にも悪いの。

仕事は呼ばれるんです。呼ばれたからには、喜んで仕事をするんです。

商売は、スピードが命だけど頭の中は常に落ち着いていなくちゃいけない。事故を起こすからね

商売は、スピードが命です。だけど、ただスピードが速いだけじゃダメ。

スピードが速いだけでは事故を起こすからね。

頭の中は常に落ち着いていなくちゃいけない。

冷静でなくちゃいけない。

スピードを速くして、頭が穏やかでいて、何をしなければいけないか正しく判断することを考えていなきゃ、商売はできないんです。

楽しくてしょうがないときにポンと出た答えは楽しさしか呼んでこない

世の中には、実は、法則があるんだよ。

苦労しなきゃいけないと思っているヤツは、答えを求めて研究して研究して、研究を重ねる。

でも、最終的な答えが出た後で、「あんた、その答えどうやって出したの」と聞くと、「実はポンと出たんです」というんだよ。

ひらめきというのは一瞬で出る。そういうものなの。

人は苦労なんかしちゃいけないと、思っている。

そのコツはいつもワクワクして楽しくてしょうがないように生きることだよ。

心配事なんか絶対にしちゃいけない。

楽しくてしょうがないときにポンと出た答えは、楽しさしか呼んでこない。ところが、苦しみから生まれた答えは苦しみしか呼ばないんだよ。

楽しく仕事をするのとラクをするとは違う。笑顔で「楽しい、楽しい」って仕事するの

楽しく仕事をするというのと、ラクをするというのは違う。

ラクな仕事を選んだ人は、就業中は時間が経つことだけを念じて、退社時刻の一五分ぐらい前になると、帰り支度を始めたりする。

そんなふうに過ごしていても、楽しいことは訪れないよね。

笑顔で、「楽しい、楽しい」って仕事をするの。

笑顔でいれば、上司からも、同僚からも、お客さんからも好かれる。

だから、敵はいなくなる。

「楽しい、楽しい」といっていれば、楽しくなるもんなんだよ。

上に立つ人は電気をつける。暗くなったときは明るくし、明るいときは黙っている

「ああ、しあわせだな」

っていう。とくに人の上に立つ人は、これができたほうがいいよ。

何でって、上の人が明るかったり、暗かったりすると、部下たちがその顔色ばかり気にするようになるの。

だから、上に立つ人は電気をつける。

そうしたら、しばらく経てば〝いいこと〟が起きるんだよ。

人間の心って、ころころ、ころころ変わる。

暗くなったときは明るくし、明るいときは黙っている。

そんなこと、いちいちいわなくたって、明るいの。

そういう気持ちでいれば、平均的にいつも明るいんだよ。

あなたの周りに、人がいるんだよ。周りの人たち、ひとり、ひとりの心に灯がともっていればいいね

周りの人に灯をつける。
何でかって、マンダラというのがあるんだけどね。
そのマンダラの中心には、必ず自分がいるんです。
自分を中心にして人がいっぱいいる。
あなたの周りに、人がいるんだよ。
周りの人たち、ひとり、ひとりの心に灯がともっていればいいよね。
それを明るい人生っていうんだよ。
周りが明るければ、全体が明るくなる。
ところが、周りの灯を消しちゃうヤツがいる。
やっとともっている人の灯まで、叱ったり、怒ったりして消しちゃう。
暗闇になっちゃって、しまいには自分の灯までも消しちゃうんだよ。

人は必要な分だけ食べてればいいんだよ。必要のないものをもって、何がすごいの？

自分に食べきれないほどの料理を出すなら、飢えている人にわけてあげる。
それが〝いい王さま〟なんだよ。
それをやらないで、人から恨まれるっていうのはちょっとアホだよね。
人は必要な分だけ食べていればいいんだよ。
それが利口な生き方なんだ。
利口な生き方と、すごい生き方っていうのは違う。
すごくなる必要はないの。何ですごいと思われないといけないの？
必要のないものを持って、何がすごいの？
それが荷物になるんだよ。
そんなもの、荷物にして、ズルズル持って歩いてね。
使いもしないものを持って歩いて、人から恨まれるヤツはちょっとアホだよね。

「この方法で成功したよ」というものを部下に伝授。与えたら、その与えたものが、あとで返ってくる

一生懸命自分に投資し、他の人の倍働く。
そして出世した。給料も貯金も増えた。
それだけでもハッピーなんです。
それに輪をかけてハッピーになる方法があります。
それは、あなたが今までやってきたことで、
「この方法で成功したよ」
というものを、自分の部下や後輩に伝授するんです。
「そんなことをしたら、下の人間に追い抜かれてしまう」
などと心配する必要はない。
与えたら、その与えたものが、あとで返ってくるから。
これが社会の摂理というものなんです。
「これは自分が考えたやり方だから、ひとには

教えられない」
といっている人間と、一生懸命教える人間と
では、後者のほうがはるかに豊かになる。

魂を成長させ、死んで魂の故郷へ帰るのが天寿。仕事を通してそれをやっているんだよ

いつも魂を成長させ、死んで魂の故郷へ帰るっていうのが天寿。
生きている間は、そういう遊び、ゲームをやり続けるの。
遊行《ゆぎょう》といって、私たちは今世に遊びに来ているんです。
仕事を通してそれをやっているんだよ。
楽しいでしょ。

私たちの修行する場所は、〝今、ここ〟なんだよ。
〝今、ここ〟で、目の前の人に対して愛のある顔をし、
愛のある言葉をしゃべる。
そして、この難しい不況の時代を乗り越える。
利益が出たら、私たちが払う税金で生きていける人が
いっぱいいいるんだよ。

どの人の心の奥にも、だれかを傷つけたり、だましたりすることもない、美しい花が咲いている

人はみんな観音菩薩。観音さまは蓮の花にのっているけど、蓮の花って、どんなに汚い、泥だらけのところでもきれいな花を咲かせているね。

しかも、その花には泥がついていない。

人間って、この蓮の花と同じなんです。

人の心の奥には、どの人にも蓮の花が咲いている。

だれかを傷つけたり、だましたりすることもない、美しい花が咲いている。

その花を成長させる。そして天寿を全うさせるんです。

どんなときでも
明るく考える。
それができれば、
今、ここを生かすことが
できる

どんなときでも明るく考えること。
それができれば、〝今、ここ〟を生かすことができる。
その頭脳は、仕事でも同じなんです。
本当は、世の中のモノなんて何にもないんだよ。
宇宙エネルギーが集まってできたものなの。
修行が終わると分解する。
でも、魂だけは残るんです。

一生懸命やっても好かれない人、
うまくいかない人っているんだよ。
そんな人は、自分が楽しそうにやってるかどうか考えてみて。
心から周りの人の仕事を手伝ってやりたい人は、
必ず楽しそうにやってるよ。

成功するには苦労はいらない

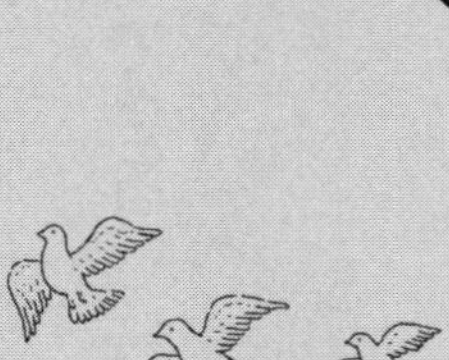

魅力的なことをいっていると、魅力の貯金ができる。〝いいこと〟が起きる人は、魅力的な発言をしている

「不景気ですねぇ」

一回ぐらいは、いったっていいんだよ。

だけど、不景気だ、不景気だって、しょっちゅういう人がいる。

政治が悪いから、官僚が悪いからといっていると、魅力がないんだよ。

それより、「いくら不況っていったって、何も買わないわけじゃないんだし、繁盛してる店もあるんだから、ウチもがんばんなくちゃね」

って、いったほうが魅力的だよね。

魅力的なことをいっていると、魅力の貯金ができる。

〝いいこと〟ばっかり起きる人っていうのは、魅力的な発言をしている。
そして、宇宙貯金を貯めているんだよ。
イヤなことばっかり起きる人って、魅力のないことばっかりいっている。
だから、借金ばかりしているんだよ。

人に何かよいことがあったら「よかったね」といえれば、心は豊か。豊かさは癖になりやすい

貧乏な人には貧乏波動があるの。貧乏な人に限ってすぐ「うちは貧乏だから」といいたがる。人間にとって、言葉ってとても大事なものだからね。

言葉は言霊《ことだま》だから、魂がある。言葉は波動だから、貧乏な波動も言葉になって

伝わってしまう。

貧乏波動というのは、心の貧しさのことなんです。

人に何かよいことがあったら、「よかったね」といえれば、心は豊か。

それを素直に喜べなくて、妬《ねた》んだりするから、くだらない悪口になる。

この心の貧しさが貧乏を呼んでしまう。

豊かさは癖になりやすいんです。よく「勝ち癖」とか「成功癖」とかいわれるけど、貧乏もまた癖になりやすい。

波動というのは広がる。消えないんだよ

豊かな気持ちになって、豊かな言葉をしゃべる。そうすると、この波動が広がって

いって、何倍にもなって返ってくる。

同じように、貧しい気持ちでしゃべった悪い言葉も、その波動が広がっていって、何倍にもなって返ってきてしまうんだよ。

波動というのは広がるの。消えないんだよ。

悪口をいった人はいったそのときだけで済んでいると思うかもしれないけれど、自分が忘れた頃になって戻ってきて、それは物すごい勢いで返ってきてしまう。

悪口をいわれた相手はもう目の前にはいなくなっているけれど、出した本人に全部返ってくるからね。

貧乏波動は変えなきゃいけない。

それには、言葉を変えるしかないんだよ。

商売もまた修行。学び続けるんです。
生きているうちに学び続けて、自分の魂のレベルを向上させる。
そのためにはいつでも、
「自分はしあわせだ」
と思える人間になることなんだよ。
その場、その場でしあわせになれる。
それができたら、自分の周りにいる人にも愛情を注ぐ。
そして、しあわせのおすそわけをする。これが大切なこと。

必要のないものを求めると、苦しくなってしまう。適当であればそれでいい。それで人生、ハッピー

中国にある揚子江という川に、カワウソが生息しているらしい。
中国人はこんなことをいうそうです。
「あのカワウソは、揚子江の水をすべて飲み干そうとしない」
そんなことをしたら、お腹がパンパンになってしまう。
それどころか、死んでしまう。
カワウソは、自分が飲める分だけの水を飲んでいる。
だから、生きていられるんです。
お金でも、何でもそうです。

必要のないものを求めようとすると、苦しくなってしまう。

だから、私は、適当であればそれでいいんだと思っています。

それで人生、ハッピーなんです。

うまくいかないことがあったとき、自分のやり方に何か間違いがあると思えばいい

「成功するには苦労はいらない」

「人間は、みんな、しあわせになるために生まれてきたんだから」

「苦労しちゃいけない」

これが私の持論です。

成功していない人の話を聞いていると、たいがいは間違ったことをして
苦労していたの。
たとえば、こんな間違いです。
見栄をはらないでいいときに見栄をはってしまう。
収入以上のお金を使ってお金に困る。
自分が得意ではないことを仕事にしている。
成功している人の話を聞くと、自分が得意なことをして成功している。
自分が得意なことは、その人にとっては簡単なこと。
だから、苦労はしていないんです。
何かうまくいかないことがあったとき、自分のやり方に何か間違いが
あると思えばいい。
そして、その間違いを正せば、苦労はなくなります。

我の強い人はトイレを一生懸命掃除するといいんだよ。
トイレ掃除を毎日やっていると、そんな我が流れていって、
良いことを素直に聞けるようになる。
「我の強い奴はトイレを磨け」というのは、
昔から日本の商家にあったやり方なんだよ。

一億円稼ぐより、百万円損をしないほうが大切

商人というのは、損をしないことが一番大事。

だから、ケタの違うお金儲けに目がくらんだりしてしては絶対いけない。

こんな儲け話には、必ず裏がある。儲け話に目をくらまされないことにさえ気をつけていれば、商売で最大のワナの一つを回避できるんです。

一億円稼ぐより、百万円損をしないほうが大切。

次に、儲けることが大事。

会社の場合なら、つぶれないことのほうが大事。

成功は、目と足なんです。目と足を使って〝いいこと〟を真似て、悪いことは真似しなければいい

成功は、目と足なんです。

あなたがもし、自分で商売しているのだとしたら、繁盛しているお店を見に行けばいい。なぜって、商人には、実験室というものがないんですよ。

秘密というものがないんです。

お店に行けば、そこの人たちは、あなたを歓迎してくれた上に、接客のし方から、内装、商品ラインナップ、すべてを見せてくれる。

目と足を使って、〝いいこと〟を真似て、〝悪いこと〟は真似しなければいい。

人間は、とかく〝悪いこと〟は真似をして、〝いいこと〟を真似しないからね。
成功しない人は、出かけないの。頭で考えてる。
頭だけを使うっていうのは、やめたほうがいい。
それより出かけていく。繁盛してる店を見る。
それで、食べてみて研究すればいい。それだけなんです。

収入を十倍にするには、十倍仕事を簡単にする

考え方の転換をする。
収入を十倍稼ぐのに十倍頑張ろうと思っても、一日二四時間なんだから
それ以上頑張れるはずがない。

仕事を十倍難しくしようと思っても、今でも相当難しいことをしているのだから、十倍も難しくできない。

だから、今の仕事を十倍簡単にやれないかを考える。その方法を探す。

それが見つかれば、稼ぎを十倍にできます。

そのためには、これまでのやり方のまま、仕事の量を増やそうとしても不可能で、仕事の質を変えるしかない。

これまでより十倍仕事が難しくなると考えたらダメ。

頭を切り替えて、これまでの仕事を十倍簡単にする方法を考えるんです。

何でも「我慢、辛抱だ」って、やらなくていい。その人にピタッと〝はまる場所〟が必ずある

何でも我慢、辛抱だって、やらなくていい。
自分が生きやすい場所がどこかにあるから。
その人にピタッと〝はまる場所〟が必ずある。
窮屈だと思ったら、努力と根性なんていっていないでね。
自分が〝はまる場所〟へ行くの。
人は何度も生まれ変わるんです。

頼まれたことで、自分ができることはイヤがらずにやる。できそうなことなら、一生懸命やるだけ

頼まれたことで、自分ができることはイヤがらずにやる。

できないことを頼まれたら、見栄《みえ》をはらずに「できない」っていうしかない。

「今すぐコンピュータやれ」

っていわれたら、私にはできない。

でも、できそうなことなら、一生懸命やるだけ。

頼まれたらニコッと笑って、元気よく「ハイ！」と返事

頼まれごとをしたときは、ニコッと笑って、元気よく「ハイ！」と返事。

一生懸命それをやり、

「私は食べていくお金があればいいですから」

とかいって、淡々と勢いをつけていけば、出世間違いなしです。

そういう人が独立すれば、周囲の人は、

「あの人に頼めば快く引き受けてくれるから、あの人に頼んでみよう」

となる。

独立後も、仕事がつつがなくいく。

プロとは、速く動いて気持ちが冷静な人

経済の時代って何ですかっていうと、全員が経済を学ぶ時代だということ。
経済と生産性がともなっていること。
要するに、速く動いて気持ちが落ち着いている人なんだ。
で、そういう人のことを世間では〝プロ〟と呼ぶ。
プロの板前さんは、オーダーがいっぱい来て忙しくなっても、さっと動く。
包丁を持って指を切ったりしないかなと思うけれどね。
そんなことはないし、砂糖と塩を間違えたりなんてことはない。
プロのサッカー選手だって、気持ちは冷静なんだけれど、体は速く動くんだ。
緊迫した状況の中で冷静に体を動かし、的確にシュートを決める。

自分の温度を沸騰点に到達させていく。鍋が一〇倍大きければ、沸騰させるのが一〇倍大変なんだよ

魅力ある商人、魅力あるサラリーマンとは、沸騰点に達した人のこと。

だから、自分の温度が一〇〇度になるようにしないといけない。

自分の温度を沸騰点に到達させていく。

鍋が一〇倍大きければ、沸騰させるのが一〇倍大変なんだよ。

ということは、鍋をちっちゃくする。

鍋がちっちゃければ、すぐ沸騰するからね。

店を広げるなっていうのは、そういうことなんだよ。

かっこよくないとダメだよ。最終的にかっこいいヤツに人はついてくる

かっこよく生きるって、取り繕《つくろ》って生きることじゃないよ。

たとえば、部下の手柄《てがら》について、上層部の人に、

「これはあいつの手柄です」

っていう。逆に、下の人が失敗したときには、

「これは私の責任です」

っていっている人のほうが、下の人から見てもかっこいい。

本当のかっこよさって、自分の人生を映画にしたときに、
自分がかっこいい主役になれるかどうかだと思う。

かっこよくないとダメだよ。
最終的にかっこいいヤツに人はついてくる。

私は自分自身をやっつけている。そして、上へ、上へと上がっていければそれでいい

男って、完全に誰かからやっつけられないと、
マイッタしない。
だけど、私は人をやっつけるのが嫌いです。
人をやっつけたって、何もいいことはない。
誰かから恨まれるぐらいでしょ。

だから、私は自分自身をやっつけている。
そして、上へ、上へって上がっていければ、
それでいいと思っている。
魅力は、あとからプラスされるものだから。
だから、諦めることなくプラスしていけばいい。
限界はないの。
そうやっていれば、商売でも何でもうまくいく。

あきらめず歩いていけばいいだけ

失敗しても「小さな成功だ」と自分にいい聞かせる

失敗は大失敗の母です。なぜなら、失敗をいくら集めても失敗にしかならないから。

「失敗した」といっていると、だんだん暗くなるでしょ。

「今度は失敗しまい」と思うと、萎縮してしまうのがオチ。

そうなると、失敗するのが怖くなる。

すると、ますます萎縮するから、どんどん失敗が続く。それで大失敗になってしまう。

だから、うまくいかなくても失敗したと思っちゃダメ。「それは失敗じゃない」と考える。

こう自分にいい聞かせる。

「これは小さな成功だ」

この考え方が成功するコツなんです。

何かが起こったとき「責任は一〇〇%自分にある」と考えると、ものすごく簡単に自分を改良できる

「責任は一〇〇%自分にある」と考える。

すると、お客さんに対して笑顔ができていなかったのではないだろうか、挨拶ができていなかったのではないだろうか、改良すべき点が思い浮かびます。

何かが起こったとき、「一〇〇%自分が悪い」と思えば、ものすごく簡単に改良点が見つかり、ものすごく簡単に自分を改良できる。

改良点を発見するコツは、

「自分も楽しくて、周りの人も楽しくなるためには、何をしたらいいのか」

を考える。この答えが見つかったとき、心がパッと明るくなります。

相手を自分の味方にする。これが最高の成功の法則

会う人、会う人を敵とみなして、戦う必要なんてないんです。
相手を自分の味方にする。これが最高の成功の法則。
会う人を自分の味方にするって、そんな難しいことではない。
知恵を出す必要もない。
いつもニコニコしていて、明るくて、思いやりがあればいい。
それを、誰かれ見境なく、
「知恵出せ、知恵出せ」
っていうから、おかしくなっちゃうんだ。

商人は、神さまぐらいの信頼がなければお客さまからお金をいただくことができない

人生というものは、他人が決めるんですよ。

あなたがもし、お店をやっているとしたら、あなたのお店で買い物しようと決めるのは誰でしょう。

そうです。お客さんが決めるんですよね。

お金を儲けるための手段は、こちらから出かけて行っていただいてくるか、お客さんがやってきてお金を落としていただくかの、二つしかありません。

どちらがいいかというと、お客さんにお越しいただいたほうがいい。

商品の魅力なんて、もう当然の話です。

魅力的なものでなければ、商品としては力不足。

商品の魅力に加えて、それを売る人間の魅力も必要だと、私は思っています。

商人は、神さまぐらいの信頼がなければ、お客さんからお金をいただくことができないということです。

成功した人は、成功談を教えてくれる。「よかったね」「偉いね」っていって褒めてあげれば

成功した人は、自分の成功談を人に教えたくてしょうがない。成功談というのは、聞いているだけでも楽しいけれど、話しているのも楽しいから。

そのうえ、人に教えてあげると感謝される。

ところが、実際にはなかなか教えてくれない。

それはなぜかというと、教えたくない環境を作ってしまうからなんです。だから、

「よかったね」「あなた偉いね」といってあげればいい。そうやって褒めてあげれば、

「ちょっと来て。あなたに〝いいこと〟教えてあげるから」

ということになる。

そうすると、知恵が出せない人でも、知恵が持てるようになります。

自分で考え、行い、失敗して、改良する。これを絶え間なくやるしかない

私は二代目さんを、壮絶な戦いをしている人たちだと思って、尊敬の念をもって陰ながら応援しています。それでも勝たなくてはいけないのが経営者。だから、お互いがんばりましょう。

二代目には、たいてい親がいろんなものをつけてくれます。でも、

「親がつけてくれたものは、九九・九九％まで役に立たない」

と思ったほうがいいですよ。

「今から、自分の手で全部つかみとるんだ」

という気持ちになるしかない。

自分で考え、行い、失敗して、改良する。

これを絶え間なくやるしかないんです。

いつの時代にも、経営のコツというのはありません。
芸にはコツがあるから、歌舞伎役者とかは、
何代目とかがいる。
経営にコツがあれば、誰でもわが子に教えるから、
三代目とかでつぶれない。
だから、「コツがないってことを早くわかる」のがコツなんです。
ただ、ひたすら仕事のことを考える。
ひたすら努力するしかないんです。

正しい道を歩いているから困難を乗り越えたとき必ずよいことが待っている

よく「商い」とは、「飽きずにやることなんだ」という人がいますが、それは違う。商人が飽きていなくても、お客さんは飽きているから。

大事なことは、お客さんが飽きないということなんです。

だから、お客さんの求めている以上のものを提供しなくちゃね。

それが商人の使命。何よりこの使命が果たせているかどうかなんです。

商売がうまくいかないのは「何かを変えなさい」という神さまのメッセージ。正しい道を歩いているなら、困難を乗り越えたとき、必ずよいことが待っている。間違った道を歩いていると、次々と新しい困難がやってくる。

人生は後出しジャンケン。世間の出方を見て、自分を変化させろということ

人生は後出しジャンケン。

これは汚いことをしろといっているのではない。世間の出方など状況を見て、自分を変化させろということ。

世間がチョキを先に出しているのが見えたら、自分がパーを出すつもりだったとしても、グーに変えればいい。そうすれば必ず勝てるわけ。

ジャンケンの勝ち負けなら、もちろんこれは反則。でも、人生でこれをやっても、反則だといわれない。卑怯だとも思われない。

たとえば、仕事で失敗したら、今度はもうわかっている。だから、やり方を変えればいい。

そうすれば、同じ失敗を繰り返さなくなるでしょ。

問題とはチャンスです。ちょっと変えてやるだけでチャンスになるんです

問題はだれだって起きてほしくない。
でも、起こるんだよ。
だから、起こった問題をちょっと変えてみる。
レモンに砂糖を入れればレモネードになる。
酸っぱくて飲めないような物も、ちょっと変えてやるだけでおいしくなるんだよ。
問題とはチャンスです。
望まなくても来るものなら、そう考えるんだよ。
また、問題が起こって事態が変わるということは、本当にチャンスなの。
ちょっと見方を変えてやれば、その問題がチャンスだとわかるんだよ。

成功というのは、「前払い」最初に人に得をさせる。何もしてくれないうちから得をさせる

成功というのは、実は「前払い」なんです。

何をしたらいいのかというと、最初に人に得をさせること。

何もしてくれないうちから、得をさせる。

そうすると、人間っていうのは、そのことに恩義を感じて、得させてくれた人に報いようとするんです。

でも、たいていの人は、「何かあったら」の〝勘定払い〟です。

〝いいこと〟してもらったら、〝いいこと〟してあげます、なんです。

「お金持ちになりたい」という種を植えてから「お金持ち」になるまで十年かかります

私にとってのお客さんは、私が作った商品を買ってくれる人。

あなたにお金をくれる人を喜ばせるために、自分に投資する。

商人にとってのお客さんは、商品を買ってくれる人。

また、商人は買ってくれる人に喜んでいただくために、自分に投資する。

「お金持ちになりたい」という種を植えてから、「お金持ち」という実がなるまでに十年かかります。

「お金持ちになろう」と思って歩きはじめてから、お金持ちになるまでの期間が十年だということです。

十年かかるものはかかるのだから、これはどうしようもないんです。

その十年間に自分が
あるべきことを楽しみながら
エッチラ、ホッチラ
歩いていけばいい

でも、十年先に自分がお金持ちになるのだとしたら、今の自分は、何をすべきか考えて行動することはできますよね。

その十年間に自分がやるべきことを楽しみながらやり、エッチラ、ホッチラ歩いていけばいい。

そうすれば、道すがらは楽しいし、十年経てば本当にお金持ちになれるから。

ところが、若い人のなかには、

「今すぐなりたい」

「来年なりたい」

という人がいる。

「今、ここ」を成功だと思って歩き出した人が成功者

「今、ここ」を成功だと思って歩き出した人が、
成功者です。
成功をつかんだ人が成功者なのではありません。
「成功をつかんだ」は、もう過去のこと。
成功をつかんだなら、次の目標を見つけてまた歩く。
成功という名の旅を歩き続ける人こそ、成功者です。
だから、十年先を見つめて歩き出している人は、
すでに成功者です。
あきらめず、歩いていけばいいだけなんです。
成功とは旅路です。

井戸掘りをするときに、
地面を五、六回掘った程度で水が出ると思ったら大間違い。
そういうのは、まだまだ覚悟が足りない。
水が出るまで井戸を掘る。
そして、深い井戸ほど、出た水はキレイなんです。
井戸を掘る場合、そこに水脈がなければ水は出ません。
でも、人間に水脈がない人はいません。
要するに、才能が出ない人はいない、ということです。

試練とは、心を試験して練り上げること。人生が、さらにすばらしくなるということ

人は生まれてくる前に、自分の人生のストーリーを決めているんです。

その自分が決めたストーリーの中には、いろいろと盛り上がる場面をいくつか決めて生まれてくる。

それを人は、「試練」といっている。

試練とは、心を試験して練り上げること。

要するに、本来、試練とは、その試練をクリアーすることによって精神的に成長し、人生がさらに楽しく、すばらしくなるということ。

ところが、大抵の人は試練にあうと、苦しんだり、悲しんだり、困ったりします。

そして神さまや観音さまに拝んだりする。

でもね、神さまや観音さまは、ただニコニコ笑って聞いているだけ。

なんでニコニコ笑っておられると思う?
それは、その人が本当に困っていないことを知っているから。
だって、生まれる前に自分が決めてきた試練なんですからね。
つまり、その人は、ただ自分で決めてきた試練を経験しているだけなんです。

ほうっておいても木は育つ

教えるには褒めることが基本

仕事を覚えてもらうには、褒めることが基本です。

「やってみせ、いって聞かせて、させてみて、褒めてやらねば人は動かじ」

この考え方の根っこには、まず、教わる人に対する愛情があるんです。

人間って不思議なもので、自分では「失敗だ～」とか、「自分がいちばんダメだ～」と思っていても、人から褒められると嬉しくなって、どんどんやる気が出てきてしまうものです。

そうするとまた、褒められる。また、やる気が出るというので、仕事が楽しくなってくるのです。

はじめに言葉ありき

はじめに言葉ありき、なの。
はじめに言葉ありき、っていうと、
「言葉より、心が先だ」
って、いう人もいる。
だけど、心が最初だったら、心に従っていたら、
人は〝お天気屋〟になっちゃうんだ。
人は〝お天気屋〟がキライなんです。

仕事を頼むときには、必ず予防注射を打つ

誰かに仕事を頼むときには、必ず予防注射を打つ。

「この仕事は、普通の人だと二十回ぐらい失敗するけど、キミの能力だったら、十回ぐらいでいけるから、だいたい十回ぐらいやり直せばいけるよ」

失敗五回の能力でも、十回でいければ大したもんだという。

これが予防注射なの。それを一発でいけるみたいなことをいっちゃうから、挫折しちゃうんだよ。で、その社長にも会いたくないってなるんです。

あらかじめワクチンみたいなものを打っておけば、心の抗体ができる。

仕事ってね、肉体的には疲れない。精神的なものなんです。

だから、精神的な予防注射があればいいんだね。

失敗を恐れさせないってこと。できたら褒めてあげること

予防注射って、要するに、失敗を恐れさせないってこと。

そして、できたら褒めてあげるってことを加味して打つんだよ。

そうすると、五回ぐらいでいけたときに、

「ホントかよ！　おまえ、すごいな」

って、いってあげられる。そして、みんなの前で褒めるときは、

「こいつすごいヤツだよ。普通の人だと、三回挑戦すると諦めちゃうんだけど、
五回も挑戦して、五回目にクリアーしました！」

とかっていうと、その人も、聞いている人たちも、

「この社長は、失敗して改良を重ねていったことを褒めてくれる人なんだ」

と思う。会社の空気も明るくなってくるんだよね。

人間には三つのタイプがある。この三つが一緒になってひとつのことをする

人間には三つのタイプがあるんだよ。
ひとつは、水のようにスイスイと困難を避けていっちゃう龍神系。
で、龍神系っていうのは非常にアイデアマン。
二つ目は、徳川家康みたいに踏まれても我慢して、金に変わる金神系。
三つ目が、学問、理論先行の日神系。
この三つに、いい悪いはないいんだよ。

それぞれにいいところがあるんです。
この三つが一緒になってひとつのことをする。
それができたら、すごいことができたりするんだよね。

「じゃあ、これ任せたよ」っていう。自分もできないことがあるから

人の上に立つ人間は、自分について来てくれる人たちが失敗したときには、
尻拭いしてあげられるようじゃないと。
そうじゃないと、下の人はやってみようなんて思わない。
指導者っていうのは、自分の強烈な個性で進んでいくんだよ。

だけど、自分にもできないことがあるから、

「じゃあ、これ任せたよ」

っていうんです。

あれを頼まれたり、これを頼まれたりするうちに、得意分野が出てくる

あれを頼まれたり、これを頼まれたりするうちに、だんだん得意分野が出てくるようになる。

すると本人も、その得意なことを喜んでやるようになる。

周りの人も、その人に仕事を頼むとうまくやることを知っているから、

そういう仕事を頼むようになる。
そうやって、自然にそっちの道に行くようになるんです。
そうなれば会社にいても出世するし、独立してお店をやってもうまくいく。

生きていれば必ず進歩する。天を信じていればいい。ほうっておいても、木は育つでしょ

人間っていうのは、生きている間に段々と進歩する。
生きていれば必ず進歩する。
ほうっておいていいんですかって、それでもかまわない。

そういうことが心の中で、安心、安心っていうんだね。
天を信じていればいい。
ほうっておいても、木は育つでしょう？
無理に大きくしようとして、枝を引っ張ったりするから
木をダメにする。
で、自分も苦労するの。
育てないといけないのは、最初だけなんです。
イネでも苗だったら、ちょっと囲ってやらないといけない。
だけど、ある程度の大きさになったら、そのままにしておく。
それで勝手に育っていくんだよ。

図に乗ったら、もう少し増長させてやればいい。やれば実力なんて、イヤでもわかるんだ

人をしぼましたり、押さえつけることに命をかけている人が多いね。
私はそういうものから、どうしたら解放してあげられるかなって考える。
図に乗ったらどうするんですかって？
もう少し増長させてやればいい。
そうしたら、人は絶対やらないといけなくなる。
やれば実力なんて、イヤでもわかるんだよ。
そうしたら、勝手にしぼむの。
そうしたらまた、こっちが増長させてやる。

「何いってんだよ。俺の失敗なんか、もっとひどかったぞ。
それぐらいの失敗なら、キミ、才能あるじゃないか」
とかいってね。

辞めさせるのも愛のひとつで、親切なんです

これは使えないと思っても、従業員をなかなか辞めさせられない。
辞めさせるのを悪いことだと思っているからできないんです。
でも、辞めさせるのも愛のひとつで、親切です。
だって、使えない人は、その仕事に向いていないということだから。
別のところを探したほうがいいんです。

その人に向いている仕事につけるようにしてあげるには、
向いていない仕事からは、早く辞めさせてあげる。
「この仕事、あなたには違うよ」といってあげるほうがいい。

社員選びは「能力があって性格がよい人」

どうしたら働き者を見抜けるようになるかって？
それには、ひどい目に遭えばいい。
人間、五、六回痛い目に遭うと、同じ手は食わなくなる。
だから、ひどい目に遭えば人相見になれるんだよ。
人間は、人生で苦労しているとき、人生の勉強をしている。

人使いで苦労しているときは、人使いの勉強をしている。
すべてが勉強なんです。
社員選びはまず、人間のいいのを集める。
それは、能力があって、性格がよい人。
能力があっても、性格の悪いのはダメ。
性格はいいけど、能力がないのもダメ。
だから、会社は少ない人数だけでやるようにするのがいいんです。

みんな一生懸命やっているんだよ

会社では仕事をするのが当たり前です。

仕事をするのは、自慢でも、偉くも何ともない。

私は社長だから、社長業を一生懸命にやる。

社員は社員の仕事をしている。

部長は部長の仕事をしている。

みんな一生懸命やっているんだよ。

だから、「俺がいなければ困るだろう」っていう偉そうな態度をとるヤツは、うちにはいないんだ。

そうすれば、いつもスカッとして仕事できるんだよ。

トップは「すごすぎる！」くらいでちょうどいい。みんな、安心していられる

世間が求めているのは、強い社長なんです。
トップの人は「この人はすごすぎる！」くらいでちょうどいい。
世間の荒波が来ても、バーンと打ち破る社長ね。
思いやりや優しさがあるのがいい社長だと思っている人がいるけど。
就職するのは、友だちを選んでいるんじゃないよ。
経営者っていうのは、荒波をぶち破っていくぐらい強い人なんだよ。
社員の機嫌を取っているような人じゃないの。
「おまえみたいなの、来なくたっていいよ。おれ一人でもやる」

くらいの腹になっている人。
こんな人について行けば、不況だろうが何だろうが関係ないんだって。
みんな、安心していられる。

みんなが波動で仕事をする。従業員も経営者の波動で仕事をするのが望ましい

経営者はいつも、自分ですべてを失うリスクを背負っている。
サラリーマンならば、もしその仕事がダメでも、ほかの仕事を探せる。
でも、経営者はその仕事が失敗すれば、身ぐるみはがされてしまう。
それを覚悟で商売しているわけです。

それほどの覚悟でサラリーマンが仕事に臨むことは、
なかなかできないでしょう。
理想をいえば、従業員も経営者の波動で仕事をするのが望ましい。
サラリーマンという仕事は、自分という商品を会社やお客さんに
買ってもらっている商人だと考えればいい。
だから、自分という会社の社長。
そう考えると、経営者の立場がわかることができる。

キャベツはキャベツのままで
おいしいんだよ

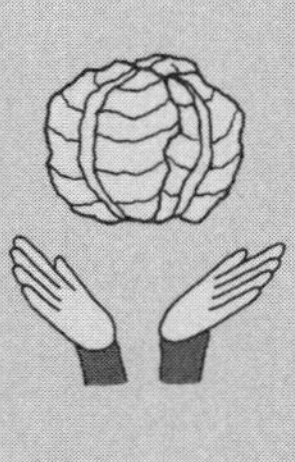

勝負は、勝つことよりも大事なことがある。それは勝ち方、負け方なんです

みんな精一杯がんばってるよね。
でも、人間は完璧じゃないから、失敗することもある。
そのとき叱ったら、ますます落ち込んでしまう。
その次からは、はじめる前に失敗したらどうしよう
ということばかり考える。
失敗したのは仕方がない。
次は、ほかのやり方でやればいい。
世の中、勝つときもあれば、負けるときもあるよね。

でも、勝負は、勝つことよりも大事なことがある。
それは勝ち方、負け方なの。
勝ったとき、負けた人に対して「私が偉いんだ」という態度をとると嫌われる。
だから、そんな態度をとってはいけないんです。
勝ったときは、
「私が勝てたのは、みんなが応援してくれたからです。
本当にありがとうございました」
といって、勝った方法をみんなに教えることだよ。

負けたからといって、卑屈になることはない。負けた人は、勝者から学ぶことができる

より上のレベルに行こうと思ったら、知っていることを周りの人に教える。
世の中、成功者といわれている人は、みんなこのことを知っていたからです。
負けたからといって、卑屈になることはないんだよ。
負けた人は、勝者から学ぶことができる。
勝者は、自分で新たな方法を作り出さないと、次は負けてしまう。
けれど、負けた人は学ぶ機会を与えてもらった。
その学びが大きい分、上に行ける。
だから、負けることを恐れず、どんどん進めばいいんです。

グレーゾーンの広いほうが楽しく生きられる。すべてのことに白黒はっきりさせようというのはムリがある

世の中のことは全部、白か黒に分けられると思っているかもしれない。
だけど、グレーゾーンというのもある。
そのグレーゾーンの広いほうが楽しく生きられるんだよ。
もちろん、法律とかのグレーゾーンはよくないけれど。
白黒はっきりつけなくちゃいけないことなんか、ほんの少しなんです。
すべてのことに白黒はっきりさせようというのはムリがある。
グレーゾーンが狭い人は心の幅が狭いから、商売もうまくいかない。
力を抜いて、ダラッとした感じで「まあ、いいか」とね。

そういっていると、だんだんグレーゾーンが広がっていく。

要は、広々としていればいい

人間の器って、平らであることなんだ。
平らっていうのは、関東平野を思い出せばいいんだよ。
関東平野っていうのは、大雑把に平らなんだよ。
関東平野の中には、上野の山もあれば、谷もある。
でも、大雑把に平らだから、そこで人が暮らしていける。
要は、広々としていればいいの。
あんまり完璧を期しちゃうと、自分も苦しいし、人も苦しくなっちゃう。

ちっちゃいものを磨くより、大きくなればいいんだよ

たいていの人は、自分を磨くんだよね。
生きていると、いろんな角が出てくる。
その角を削って、いい形にするんだよ。角があると刺さるでしょ。
相手に刺さったり、傷つけたりするからっていうんで、角を削ろうとする。
でも、日本の地図を見てごらん。たとえば、下北半島って鎌の形をしている。
私は、あそこの尖端に行くけど、そこに刺さって死んだ人って見たことない。
だから、大きくなるの。
ちっちゃいものを磨くより、大きくなれば刺さらないいんだよね。

私は味噌汁を作るときに、
キャベツと何かを組み合せようとはしない。
キャベツがそのままでうまくなる方法を考える。
キャベツはキャベツで、絶対にうまいから。

何でも面白いと思えば、いろんないいことが起きる

神さまは、人間に〝不満に思う能力〟をくれたんです。
だから、不満を利用して面白く生きる。
不満が出てきたら、それを楽しく解決しちゃうゲームにするとかね。
ついでに人の不満まで解決して、お互いにハッピーになる。
何でも面白いと思えば、いろんないいことが起きる。
奇跡なんかいくらでも起きるよ。

際限がないのが人間だから、いろんなことができる

人間は、際限がない創造物でありながら、制約も受けている。
育った環境とか、社会制度とか、世間の常識とかね。
そういう、いろんなものが人を制約している。
でも、人間には際限がない。
陸上競技の選手って、今、一〇〇メートル一〇秒を切っている。
昔はそんなのムリっていっていた。
だから、将来、九秒切る人が出てくるかもしれない。
際限がないのが人間だから、人間にはいろんなことができる。
制約を作っちゃうのは、ある種の恐れなんだよ。

泳げないのはマイナスじゃなくてプラスなんだよ

頭が悪い、何ができない、かにができないっていうけれどね。
できなきゃできないで、別にそんなもん、どうだっていいんだよ。
たとえばの話ね、泳げなきゃ浮き袋があればいいしね。
ヘンな話、海に入らなきゃいい。
泳げない人のほうが、おぼれる率って低いの。
たいがいね、泳げる人のほうがおぼれちゃうんだ。
だって、泳げない人って水に近づかないもん。いやいやボートに
乗せられちゃったりすると、いの一番、救命胴衣を探したりして。
だから、泳げないことはマイナスじゃなくて、プラスなんだよ。

心が内に向いているときは、内に向かせておく

「今、落ち込んでいるんだ」
という人がいるけど、私は「内に入る」ととらえるんです。
呼吸と同じでね。息を吸ったり吐いたりするでしょ。それと同じで、
心も内に向かうときと、外に向かうときがある。
私は心が内に向いているときは、内に向かせておくの。
だって、心が内に向かうのは悪いことじゃないから。
だれだって、静かに心の中に入って休みたいときがある。
だから、心が内に向かうのは自然なことなんです。
そのうち自然と外に向かうようになってくるから。

試しに息を吸い込んだままにしてみたら?
吸い込んだままじゃ苦しいから、自然と吐くでしょ。
心もそれと同じなの。

心の中の神さまと話し合っていると、すごくいい答えがもらえる

私は内に入るときは、神さまと交信してると思ってるんです。
人っていうのは、みんな心の中に神さまがいる。
その内なる神と話し合っていると、すごくいい答えがもらえる。
自分にとっても、周りの人にとってもハッピーな答がね。

だから、内に入ったときは気持ちがいいの。
今度はどんな答えをおみやげにもらえるかなとね。
みんなのところへも、このおみやげ持っていけるぞ、
ってワクワクするんです。

ウサギがトラになる必要ないよ

学校の勉強がダメだからといって、それがどうしたっていうの？
自分はダメ人間なんだって考えても、ためにはならないんじゃないの？
だって、人のことを偉いと思うために頭を使うと、重くてしょうがないもん。
他人と比較するより、昨日の自分と比較したほうが楽しいよ。

ウサギがトラになる必要ないよ。
ウサギにはウサギの繁栄のしかたがあるんだ。
ウサギって、トラのようなキバを持ってないんだよね。
だけど、敵から逃れるための長い耳と足を持ってる。
だから、トラみたいに、キバ剥き出しで向かっていく必要はない。
トラぐらいの強さがあっても、心の中には菩薩がないといけない。
そしたら、トラが空を飛ぶぐらいの奇跡が起こるんです。
トラに羽が生えたぐらいのヤツには優しさがある。
優しさがあるから魅力がある。
魅力があるから人が集まる。
かっこいいの。

神さまが与えてくれないものは、いらないもの

神さまが与えてくれないものは、いらないものなんです。

それがわかっていないから、三倍も五倍も努力してもできなくて、ダメ人間だと自分に烙印《らくいん》を押してしまう。

私は、英語とか数学はいらないから、やらなかった。

そのかわり、中国の思想とか、さまざまな歴史の本だとかに興味を持っているから勉強したんです。

ほかの人が一生使わないものを勉強している間に、私は自分に必要なことを勉強した。

だから、今はいろいろなことを知ってる。

これがもし、神さまが与えてくれなかった才能を、落ち込みながら一生懸命努力してたら、私は必要なことを知らないままでいることになっちゃう。

だから、先生が何といおうと、関係ない。

いらないものは、いらないと見抜ける力が私の才能なんだから。

限界を超える。
ひとつ上に踏み出す

夢は語るものではなく、実現するもの

夢は寝て見ればいい。起きているうちに夢を見るのは危ないヤツだよ。
男の夢は、白昼夢と同じなの。お金で買えないものばっかりだから。
夢だけ語っていればすむと思ったら、大間違い。
だって、夢にはお金がかかるから。
夢は語るものではなく、実現するもの。
だから、世の男性は夢をただ語るのではなく、実現に向けて
具体的に進んでいかなければダメ。

ツイてる人は、目標を持つ必要はない

目標っていうのは自分が決めるよね。
自分が決めるって、人間の頭で勝手に決めていることなんです。
でも、人っていうのは、見えない力の影響を受けている。
なのに、勝手に決めちゃうと、本当はその上に行けるのに、
「ここまで」で止まってしまうじゃない？
だから、私は目標を持つ必要はない人なんです。
ツイている人は、目標を持つ必要はないからね。

稼がれる人より、稼《かせ》ぐ人にならなきゃね

株とか投資に熱入れている人がいるけど、そういう世界は誰かが儲かれば、誰かが損するんです。当然のことなの。

そういうものだって割り切って、自分は「得する側」に回んなきゃいけない。

そうなると、当然、勉強しなきゃいけないし、カンも養わなきゃいけない。

そうやって、すべてのことを養っていけば、勝てると思いますよ。

ただ、理論的にはいろいろいっても、そういったものはバクチなんです。

勉強して負けたときは、

「勉強が足りなかったんだ」

と考える。そう考えればいけるもんだと思いますよ。

気をつけなきゃいけないのは、自分が稼ごうと思って乗った話で、相手に稼がれないこと。よくいるんだ。そういう人。

稼がれる人より、まじめに勉強して稼ぐ人にならなきゃね。

必要なアイデアはポンと出るもの　ひらめきは一瞬に出るもの

稼ぐ人になるには、ヒット商品を生み出さなきゃ。
それにはアイデアを出さなくては。必要なアイデアはポンと出るもの。
ひらめきとは一瞬に出るもの。
そのためには、頭の中に必要な情報をいつもインプットしておく。

すると、あるときポンと結果が出てくるんです。
だから、あんまりアイデアを出そうなどと苦労しちゃいけないと思っている。
そのコツは、いつもわくわくして楽しくてしょうがないように生きること。
心配なんか絶対しちゃいけないね。

自分に必要なものはどこかに必ずある

「こんな商品できないかな」と思っていても、なかなかアイデアやノウハウが出てこないときがある。そんなときはこう思うこと。

「自分で答えを出せるなら、もうとっくに出ている。これだけ出ないんだから、誰かがそろそろ答えをもって来るぞ」

すると、本当に誰かがその商品をもって来る。
必要なものは、必ずどこかにあるんです。
何かをいつも求めて考えていると、それを自分のところに引きつけることができる。
必要な人についても同じね。本当に会ったほうがいい人に出会える。
これが「牽引《けんいん》の法則」です。

決して頭を下げて買ってもらうものではない。
自分を下げてお金を得ようとすると、
魂が落ち込んでしまう

今はカッコいい商人にお客さんが引かれる時代です。
カッコいい商人は、プライドをもって堂々と商売をする。
プライドをもっている商人は、商品を買ってもらうために、
お客さんに頭を下げたりしない。
もちろん商人だから、お客さんに頭を下げるけど、
それは商品を買ってもらった感謝で頭を下げる。
買ってくれなくても、お店に来てくれた人への感謝で下げる。
でも、決して頭を下げて買ってもらうものではない。
自分を下げてお金を得ようとすると、魂が落ち込んでしまう。
それだけでなく、見た目もカッコ悪い。

よいものと、よいものがくっつくと足し算じゃなくて掛け算になる

よいものと、よいものがくっつくと足し算じゃなくて、掛け算になる。
相乗効果で魅力が膨らんで、それが爆発的に大きくなる。
組み合せというのは無限にふえていく。それをじっと見ていて、
さらによい組み合せを考えていくわけ。
これが商品の魅力を大きくするコツなんです。
たとえば、ラーメンがこんなに流行ったのは、日本のそばから。
夜鳴きそばといって、江戸時代に屋台で売っていたそばのツユに
中華麺を入れたのがラーメン。

それで日本人はみそ汁が好きだから、みそと組み合せたのが、
みそラーメン。バターと組み合せてバターラーメン。
これが魅力ある商品を生み出すときの基本的な考え方です。

努力っていうのは、新しい人工衛星を上げること

「今までやってきたことを、一生懸命やっています」

といっても、それは打ち上げた人工衛星がただ回っていることと同じなんだ。

それは努力とはいわない。

努力っていうのは、新しい人工衛星を上げることなんです。

で、それが本当に楽しいことなんだよ。

上半分が靴で下半分がゲタの「ゲッ」っていう履物を作ったらどうだって？

便利だね。だけど、人は使おうとは思わないよね。

こういう企画はペケ。

「おまえ、何かを恐れていないか？」と自分に聞く

不況は商人を育てる。

魅力的な人間が商売して成功できるんだ。いい時代だね。

ときどき、自分にこういうことにしているんだ。

「おまえ、何かを恐れていないか？」

人って、新しいことに遭遇すると、知らないうちに恐れを生んじゃっている。

限界を超えるっていうとき、一番自分がイヤなことをやらないといけない。
イヤなことだから、限界を作っている。
だけど、そのイヤなことにちょっと踏み出すと、限界は超えられる。
そうすると楽しいんだな。
で、私たちは何かの縁で出会った仲間なんだ。
だから、その時間を楽しく過ごしたいよね。
数字っていうのはゲームだから、楽しく仕事ができるよね。

人には必ず〝ひとつ上〟というものがある。
そこに的をしぼって勉強していけばラクなんです。
で、それをやったら、また〝ひとつ上〟をやる

成功への道っていうのは、上を目指さないで行けるわけがない。
だけど、股を思いきり拡げて届かないところを狙って、
何としてでも上がっていこうとしても、しょうがないんだよ。
そんなことをしても、股が裂けるだけじゃないか。
だから、〝ひとつ上〟なんだよ。
人には必ず、〝ひとつ上〟というものがある。
そこに的をしぼって勉強していけばラクなんです。

自分の手の届くところに手をかけてみる。
足がかかるところに足をかけて上がってみる。
それなら、ムリはないよね。
で、それをやったら、また〝ひとつ上〟をやる。
そうやって、ず～っと上を目指していけばいいの。
これをやり続ければ、死ぬまで上に行くんだ。

〝ひとつ上〟の努力をしていると、楽しくて、おもしろいってことがわかる。自分とかけ離れたことをやるのは、おもしろくない

そんなことを死ぬまでやり続けるのって、みなさんシンドイと思うでしょ。
でも、〝ひとつ上〟をやり続けていたら、ラクなんです。
それが自分を高めるために必要なものなんです。
それをやっていると苦労がないの。
〝ひとつ上〟の努力をしていると、楽しくて、
おもしろいってことがわかる。
今の自分とかけ離れたことをやるのは、おもしろくないと思うよ。

「去年のおれはバカだったよ。こんなこともわからなかったんだ」

どんなに向上心が旺盛であっても、自分より弱い相手を倒したらダメ。
自分より強い相手、勝てるかどうかわからない相手に挑む。
はじめから勝てるとわかっている相手を倒すのは闘いじゃない。
そんなのイジメでしかないんだよ。
挑戦には、ここまで来たからもういいということがない。
どんなに成功しても向上心を失わないのは難しいことだけど、
謙虚な心があればそれができる。私には、よくいっている言葉がある。
「去年のおれはバカだったよ。こんなこともわからなかったんだ」

自分にできることはすべて運だから、それに感謝している。

できないことについては、努力する楽しみがあるんです。

商売は冒険の旅だから未知の体験ができる

商売には危険や困難がつきもの。でも、商売での困難は必ず乗り越えられる。だから、安心して商売できる。

そのためには、まず、自分の考え方を変えること。

自分の考え方を変えれば、必ず困難は乗り越えられるから。

商売とは、冒険の旅だからね。困難にばかり目がいくと不安になる。

冒険ならば、さまざまな危険もつきものだけど、冒険だから魅力でしょ。

すばらしい未知の体験ができるのだから。

ツイてる人は、
どこまでもツイている

よく生きる方法と、よく稼ぐ方法とは一緒。人生の生き方を覚えたら商いなんてわけない

人生を豊かにする方法を知っていれば、お金儲けも同じ要領でできる。精神的に豊かになることができれば、経済的に豊かになることも本当はできるんです。だって、よく生きる方法と、よく稼ぐ方法とはまったく一緒だから。人生の生き方を覚えたら、商いなんてわけないよ。

これからは楽しさの時代

つらくて苦しい仕事も、楽しくやる時代なんだ。
仕事をやらなくていいということではない。
仕事は、苦しいってやるもんじゃないよ。
勉強もそう。強いて勉めるんじゃなくて、
遊ぶがごとくやる。
楽しくてしようがないからやる。
これからは楽しさの時代なんです。

「今年は何か〝いいこと〟が起きそうな気がする」「何かな、何かな」ってワクワクしていると必ず〝いいこと〟が起きる

正月が明けると、私はみんなにこういいます。

「今年は何か〝いいこと〟が起きそうな気がする。ウチの商品が当たるのか、何が〝いいこと〟なのかわからないけど、何か来そうな予感がするんだ」

「何かな、何かな」ってワクワクしていると、必ず〝いいこと〟が起きるんです。

明るく、明るく、今日も明るく、明日も明るく。
私の九九%は〝楽しい〟で、残りがまじめ。
ツイている人は、どこまでもツイている。

神は人間に
「自分の代わりに笑顔で、
愛のある言葉を話して」
という。
そうすれば、
会う人すべてを
自分の味方にできる

人間の肉体が滅んで、魂が故郷である天国に帰るとき、肩書きやお金、この世で身につけたものは、すべてこの世に置いていかなくてはいけないでしょ。

神さまは、自身の大いなる愛を表現することができないんです。

それを表現できるのは、笑うことができ、言葉を話すことができる人間しかいない。

だから、神さまは人間にこうお願いしている。

「自分の代わりに、笑顔で、愛のある言葉をしゃべっておくれ」と。

そうすれば、会う人すべてを自分の味方にできる。

会社でも、商売でもうまくいく。

いつも笑顔で愛のある言葉を話す。常に自分との戦いです

いつも笑顔で愛のある言葉を話す。
これは実際やってみると、意外と楽なことではない。
常に、自分との戦いです。
そして、その部分にすぐ勝ち負けが出てくる。
日々、あらゆるところで勝ち負けが出てくるとは、こういうことです。
勝ち負けは、常に目の前に出てくるもの。
日々、あらゆるところで勝ち負けが出てくる。
成功者の定義は幅が広く、あらゆるところに「勝ち」があります。

「どんなときでも、しあわせになろう」この精神論を利用すれば人生、何でも成功する

商売をやっていて、どんなに不況だろうと、「どんなときでも、しあわせになろう」という気持ちがあったら、お客さんを喜ばせることができるんです。

心のなかで解決するものは解決し、現実に向かっていく。それが精神論です。

この精神論を利用すれば、人生、何でも成功すると思います。

だから、私は、精神論で商売することがやめられません。

これからも精神論でやっていくつもりです。

何もやらない人生、挑戦しない人生は、楽しくないし、つまらない

自分がやったことが失敗なのか、成功なのかは、自分が一歩前に踏み出したときにはじめてわかるんです。

だから、何かをすれば答えが出る。

自分のことを「ツイてない人間だ」と思っている人は何もやらない。

やらなければ、成功はないけど、失敗もないから。

でも私から見ると、何もやらない人生、挑戦しない人生は、楽しくないし、つまらない。

そういう人生こそが、大失敗なんです。

勝負強い人は、
自分はツイてる人間だと
思っている。
ツキって強いんです。
ツキのほうが上です

「私はツイている星の下に生まれたんだわ」
と、自分の人生そのものをツイているととらえる
人は、〝ここ一番〟というときのノリが他の人と
全然違うんです。
「勝負強い人」は、たいがい「自分はツイてる人間だ」
と思っている。
ツキって、強いんです。実力よりも、ツキのほうが
上です。
なぜかというと、実力は人間の力だけど、
ツキは天が与えるものだから。
あの人とあなたの勝負ではないの。
あなたと天が勝負している。
たいがいの人は、天には勝てないものなんです。

「ツイてる」という言葉の力で、一歩足を前に出す。
これしかありません。
そうすると、その先に進むためのアイデアが出てくる。
それが成功のアイデア。
ツキが回り出します。

ひとりさんとお弟子さんたちのブログについて

斎藤一人オフィシャルブログ
（一人さんご本人がやっているブログです）
https://ameblo.jp/saitou-hitori-official

お弟子さんたちのブログ

柴村恵美子さんのブログ
https://ameblo.jp/tuiteru-emiko/

舛岡はなゑさんのブログ
【ふとどきふらちな女神さま】
https://ameblo.jp/tsuki-4978/
銀座まるかん オフィスはなゑのブログ
https://ameblo.jp/hitori-myoudai-hana/

みっちゃん先生ブログ
http://mitchansensei.jugem.jp/

宮本真由美さんのブログ
https://ameblo.jp/mm4900/

千葉純一さんのブログ
https://ameblo.jp/chiba4900/

遠藤忠夫さんのブログ
https://ameblo.jp/ukon-azuki/

宇野信行さんのブログ
https://ameblo.jp/nobuyuki4499

高津りえさんのブログ
http://blog.rie-hikari.com/

おがちゃんのブログ
https://ameblo.jp/mukarayu-ogata/

楽しいお知らせ

無　　料　ひとりさんファンなら
　　　　　一生に一度はやってみたい

「大笑《おおわらい》参り」

ハンコを9個集める楽しいお参りです。
９個集めるのに約7分でできます。

場　　所：ひとりさんファンクラブ
（JR新小岩駅南口アーケード街 徒歩３分）
電　　話：03-3654-4949
年中無休（朝10時～夜7時）

≪無料≫　金運祈願　恋愛祈願　就職祈願　合格祈願
健康祈願　商売繁盛

ひとりさんファンクラブ

住　所：〒124-0024　東京都葛飾区新小岩1-54-5
ルミエール商店街アーケード内
営　業：朝10時～夜7時まで。
年中無休　電話：03-3654-4949

各地のひとりさんスポット

ひとりさん観音：瑞宝山　総林寺
住　所：北海道河東郡上士幌町字上士幌東4線247番地
電　話：01564-2-2523

ついてる鳥居：最上三十三観音第二番　山寺千手院
住　所：山形県山形市大字山寺4753
電　話：023-695-2845

観音様までの楽しいマップ

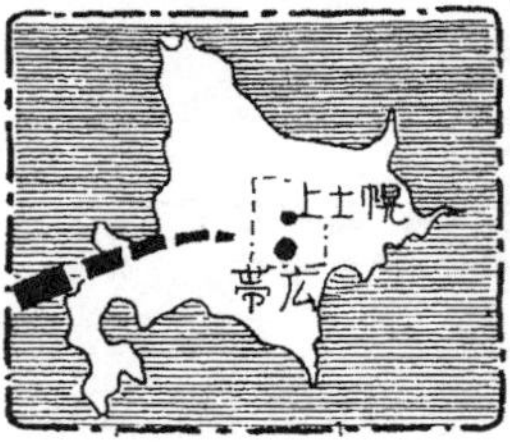

① 愛国←→幸福駅

『愛の国から幸福へ』この切符を手にすると幸せを手にするといわれスゴイ人気です。ここでとれるじゃがいも野菜・etcは幸せを呼ぶ食物かも!! 特にとうもろこしのとれる季節には、もぎたてをその場で茹でて売っていることもあり、あまりのおいしさに幸せを感じちゃいます。

② 十勝ワイン（池田駅）

ひとりさんは、ワイン通といわれています。そのひとりさんが大好きな十勝ワインを売っている十勝ワイン城があります

★十勝はあずきが有名で『赤い宝石』と呼ばれています。

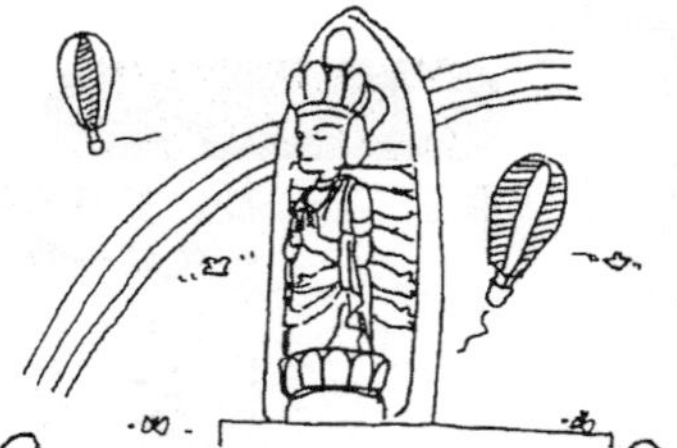

★観音様

ひとりさんの寄付により、夜になるとライトアップして、観音様がオレンジ色に浮かびあがり、幻想的です。

この観音様は、一人さんの弟子の1人である柴村恵美子さんが建立しました。

③ 上士幌

上士幌町は柴村恵美子が生まれた町。そしてバルーンの町で有名です。8月上旬になると、全国からバルーンミストが大集合。様々な競技に腕を競い合います。体験試乗もできます。

ひとりさんが、安全に楽しく気球に乗れるようにと願いを込めて観音様の手に気球をのせています。

④ ナイタイ高原

ナイタイ高原は、日本一広く大きい牧場です。牛や馬、そして羊もたくさんいちゃうのヨ。そこから見渡す景色は雄大で感動!!の一言です。ひとりさんも好きなこの場所は行ってみる価値あり。

牧場の一番てっぺんにはロッジがあります(レストラン有)。そこで、ジンギスカン焼肉・バーベキューをしながらビールを飲むとオイシイヨ!とってもハッピーになれちゃいます。それにソフトクリームがメーチャオイシイ。2ケはいけちゃいますヨ。

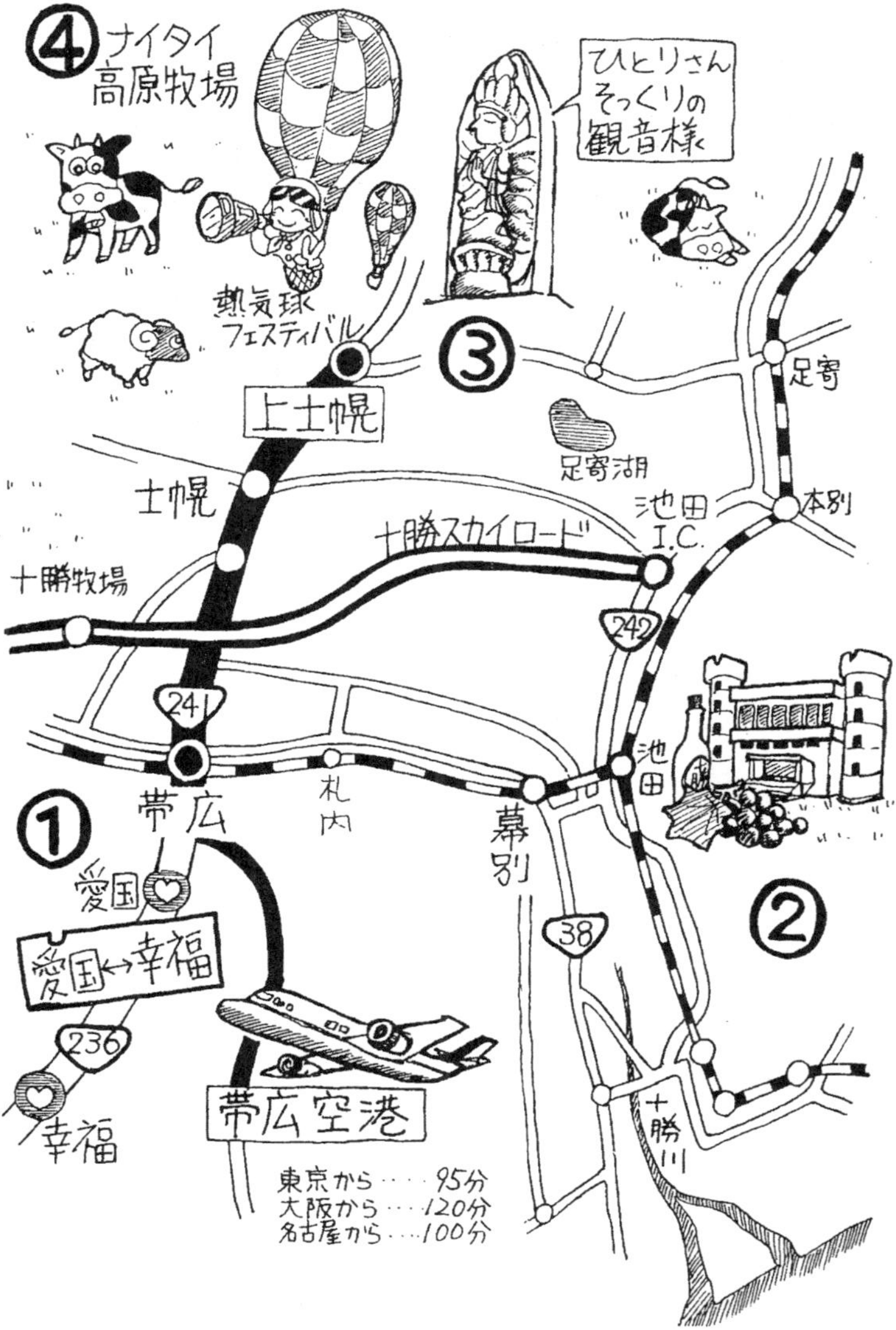

④ナイタイ高原牧場
熱気球フェスティバル
ひとりさんそっくりの観音様
③
上士幌
足寄
足寄湖
士幌
十勝スカイロード
池田I.C.
本別
十勝牧場
242
241
池田
帯広
札内
幕別
①
愛国
愛国↔幸福
②
38
236
幸福
帯広空港
十勝川
東京から……95分
大阪から……120分
名古屋から……100分

斎藤一人さんのプロフィール

東京都生まれ。実業家・著述家。ダイエット食品「スリムドカン」などのヒット商品で知られる化粧品・健康食品会社「銀座まるかん」の創設者。1993年以来、全国高額納税者番付12年間連続6位以内にランクインし、2003年には日本一になる。土地売買や株式公開などによる高額納税者が多い中、事業所得だけで多額の納税をしている人物として注目を集めた。高額納税者の発表が取りやめになった今でも、着実に業績を上げている。また、著述家としても「心の楽しさと経済的豊かさを両立させる」ための本を多数出版している。『変な人の書いた世の中のしくみ』『眼力』(ともにサンマーク出版)、『強運』『人生に成功したい人が読む本』(ともにPHP研究所)、『幸せの道』(ロングセラーズ) など著書は多数。

1993年分——第4位	1999年分——第5位
1994年分——第5位	2000年分——第5位
1995年分——第3位	2001年分——第6位
1996年分——第3位	2002年分——第2位
1997年分——第1位	2003年分——第1位
1998年分——第3位	2004年分——第4位

〈編集部注〉

読者の皆さまから、「一人さんの手がけた商品を取り扱いたいが、どこに資料請求していいかわかりません」という問合せが多数寄せられていますので、以下の資料請求先をお知らせしておきます。

フリーダイヤル 0120-497-285

本書は平成二四年三月に弊社で出版した
書籍を改訂したものです。

斎藤一人
お金儲けセラピー

著　者　斎藤一人
発行者　真船美保子
発行所　KK ロングセラーズ
東京都新宿区高田馬場 2-1-2　〒 169-0075
電話（03）3204-5161(代)　振替 00120-7-145737
http://www.kklong.co.jp
印　刷　大日本印刷(株)
製　本　(株)難波製本

落丁・乱丁はお取り替えいたします。
※ 定価と発行日はカバーに表示してあります。
ISBN978-4-8454-5081-7　C0230　Printed In Japan 2018